AF424050

GECE EBRUSU

Şiirler

Erdal Turna

İÇİNDEKİLER

Nursel'e

Önceleri düştün sen
Bülbüle dönüştün sen
Bir Bursa ilkyazında
Gül bahçeme düştün sen

ÇÜRÜYÜŞ SENFONİSİ

BİR VARDI DA BİR YOK MU

Evvel zaman masalları, evvel zaman masalları
Kağıttan kayıklar yaptık uçurduk tüm sandalları.

Sandalımın kürekleri Hümâ'dan
Hümâ gider talih çalar semadan.
Semadaki dekor, o eski masal,
Eski çocuk dillerinde mufassal
Bir hatıraya dönüşüverdi.
Kimin umurunda!

Evvel zaman masalları evvel zaman masalları
Kağıttan kayıklar yaptık uçurduk tüm sandalları

Sandalımın güvertesi var imiş,
Güvertede yatan nazlı yâr imiş.
Yârimin boynunda zümrüt gerdanlık.
Bakıverdim... kalbim durdu,
Kalbim durdu bir anlık.

Bir anda yüreciğim uçuverdi Kaf Dağına,
Yamaçtan bir ceylan indi,
Bindim miraç burağına.
Yükseldikçe yükseldim,
Yedi kat gökleri aştım,
Arş-ı âlâya ulaştım,
Bu halime ben de şaştım.
Kaf'ın ardına dolaştım.

Az gittim haylaz gittim...
Bulut bulut süzüldüm,
Boşluklarda ezildim,
Yalnızlıktan üzüldüm,
Gökyüzünü taradım.
Varlarda yokluk buldum ,
Yoklarda var aradım.

Kopuverdi içimden bir vaveyla.
Leylâ'dır dedim bu,
Olsa olsa bu Leylâ...
Bir suret gibi dikildi karşıma.
Seslerinle var ettiğin arşıma
Şimdi baldıran düştü,
Zehirledi kanımı.
Masallarım kirlendi,
Sesleri(m) silikleşti.

Bir vardı masalların âh ki bir vardı,
Bir yok ki masallarım eyvah ki şimdi
Sandalımın kürekleri kırıldı,
Kanatlarımı kemiren tırtıldı.
Beni bir böcek ısırdı,
Sesim kısıldı.
Bir masalım vardı başı nasıldı?
Bir vardı da bir yok mu?...

Sesler işitiyorum heybetli geçmişlerden ,
İştahla dişliyorum tükenmez yemişlerden.
Bir sırrı saklıyorum tam dilimin ucunda,
Mutluluk bende değil hünkarın avucunda.
Avuçlarımda masallar, derin sızılar,
Şu masal kahramanları amma mızmızlar.

Sesler işitiyorum derin oof çekişlerden.
Dalda bir kuş cikcikliyor,
Anlamam bu işlerden.
Sesler işitiyorum bu gidiş gelişlerden.
Benden bir tel kopuyor, bedenimde bir hançer,
Kaçmaya çabalıyorum,
Yüzüm gözüm sırsıklam,
Kan ter içindeyim.

Söyle peri, şu sizin masallarda korkular çok mu?
Bir vardı da bir yok mu?

Çıkıp geldim bir masalın içinden.
Ne Kaflardan geçtim, Olemp'ten, Çin'den...
Ölü deme bana!
Ölmek?... Gecinden.
Bir tek tel yeter bana koparayım saçından.
Sesler iştiyorum miladın bilmem kaçından.
O sesler tıntınlıyor bir masal sarkacından.

Söyle tellim gulyabani, sizde sevdalar çok mu?
Bir vardı da bir yok mu?

Mışlarla kandırıldık, mışmışlara aldandık,
Hepimiz o ülkeden, yalancı masaldandık.
Boşuna mı yaşadık, hayal mi bütün sesler?

Söyle yârim şehriyâr, sizde masallar çok mu?
Masalların sesleri hala diri ve tok mu?

Yoksa yoksa masallar yoksa yoksa masallar
Bir vardı da bir yok mu?..

ZAMANIN ELLERİNDE

Zaman dokur beni
Gözlerimden başlar
Ve her yerimi.

Ben onun çocuğuyum,
Annemdir hem büyütür
Hem de siler terimi.

Derin bir uykuya yaslanır başım
Kayırır beni zaman
Avutur özlemlerimi

Yorgunsam
Zülüflerim ağarır
Tarar perçemlerimi.

Uzanır amansız
Sarılır gövdeme,
Kuşatır sözlerimi.

ÇOCUKLUĞUM KALP AĞRIM

Çocukluğumuzdur damlayan gözlerimizden,
Kuş kanatlarından körpe ve diri,
Kış masallarının beyaz entarileri.
Heybeti ne yücedir doğan güneşin,
İçimizde uyanır
Kaf dağındaki peri.

Bir gelecek dünyanın sancılarından uzak,
Yemyeşil düşlerindedir menekşe gülüşler.
Anne gecikmiş... beklemiş ve üşümüşler
Çocuklar, hasretin nabzında hıçkırarak
Gençlik atının peşine düşmüşler

Ahşap damlı günlerden arta kalan bahçeler...
Ellerindedir sevdanın bahar çeşnisi.
Huysuz ırmak üstünde kâğıttan elbisesi.
Gün geçer gençlik tadında, gönüller tüter,
Sırdaş olur bir ağlamaklı çocuk sesi.

ERGUVAN IŞIĞI

Tomurcuk erguvandır, açar çocukluk
Hayalleri gülzâra kavuşmakla mest.
Bulutsuz rüyâlardan sarkan güneşçe
Albüm sayfalarından taşar hıçkıran günler.
Yağmurlardan diri gözyaşları
Keşke… dedirtir her seferinde,
Sahipsiz erguvan sızısı ardında.

Zamansız erguvandır, kokar çocukluk
Bahar bahçelerinde gizli meltemler.
Anlamlar sıkıştırılmış satır aralarına,
Her tebessüm bir sırra semadır.
Günler avuçlarında, çaresiz,
Uzak çağrışımlara yaslı sırtı,
Kadîm kuşlardır uçan yarınlarına,

Kızaran erguvandır, ölür çocukluk
Deniz ufkunda uyur, gecenin darlığında.
Gençlik yokuşunda sabır gölgeleri,
Çatılmış iskeledir bir serencama.
Her durakta bakışlar sayhalaşır
Ve mecalsiz gövdelerde kısır günahlar
Masum bir eyvahtır erguvan hatırına.

ŞÖLEN

Sanki mutluluklar hüznün
Çıkıp gelirse içinden,
Gerçek
Mutluluğa dönüşecek.

Sanki hüzünler ömrün
Çıkıp giderse içinden,
Ömür
Bir kabristana düşecek.

Sanki ömürler gün gün
Çoğaltırsa sevdayı,
Yeryüzü
Bir Cennete dönecek.

Bir şölen sedası,
Bir mutluluk mayası,
Kimi zaman yüreğe
Kimi zaman göz kapaklarına.

Hüzün
En büyük şölen.

Heybem hüzün dolu
Bakışım hüzün
Çözün bağrımdaki düğümü,
Çözün
Şu kırık dalı,
Acı bir söz oldu
Düştü dilimden.

O en büyük şölen.

NOSTALJİ

Bana bir dün gönderdi
Dün sanıp da kandığım.

Gün boyu aldandığım
Olmuştur sevinerek.
Ezeli şifa mı,
Gün boyu ceza mı
Bilmeden boy... boy...
          Boylandığım.

Bir dünden ne çıkar,
Canına yandığım.
Bir güne yol çıkar
Dünlere kıvrılıp
Zamanda savrulup.

Hasatlanacak gibi
Bende yanacak gibi
Mecalsiz dallardır
Kırılıp...
Bir cana minnet
Bir başa bela
Kollarıma sarılıp.

Âteşine yandığım
Ne pervane çıkar.

Dünde kalma ne olur
Günde kalıp
Yarın ol.
Geçmişten usandığım
Kadar
Seni andığım...

Başından mı gelirsin
Sonradan mı küsersin
Zanlarıyla karılıp
İçin için darılıp
Parçalandığım,
Efkarlandığım.

Böyle çatlatma beni.
Her dünümden can çıkar.
Dünlerde canlandığım
Olmuştur sevinerek.
Yürek bu dayanır mı,
Kırılır
Kıvrılarak,
Yokuşlardan inerek.

Gün boyu dün talanı.

Hasatlanacak zaman
Erken âti sofrası
Derken
Mazi sofrası
Dün sanıp da kandığım.

ÇÜRÜYÜŞ SENFONİSİ

Diri sevdalardan bir yol bulursa
Yanaklarda hüzzam akışlar çürür.

Zamanı eritir eskiyen hayal
Güne değen kirli bakışlar çürür.

Dalıp giden gözler yolda can verir
Camdan mor salkımlı sarkışlar çürür.

Besteler duyulmaz, uzak kıyıda
Dillerde o türkü yakışlar çürür.

Eller büyür birbirine çarparak
Lâkin yankı vermez alkışlar çürür.

Diner masal, kuşlar göçer, kin tüter
Aşkı ören kadîm nakışlar çürür.

Devam edip durmaz beyaz geceler
Bahar geldiğinde kar-kışlar çürür.

GECE EBRUSU

Çiçeklenir suretinde erguvan,
Akar zaman, derviş sabrı yâdıyla.
Gecelerden sır devşirip, anbean
Yumdum yüreğimi, ebru tadıyla.

Eskisin fırtınalar, esebildiği kadar
Hüznü penceremde uyur güneşin.
Gece ebru damlatır, kâinat susar...
Gözlerinden akar gülümseyişin.

Arsız vadilerden sıyrılır beden
Ay dolanır yüzüne, ebruya bezer.
Gelir vakit ve savrulur öteden
Saçında leylaklar, alnında ter.

İlk yazlar, kavruk tebessümlerden...
Acı yarlarında parmak uçların.
Zamanlardır uçar, gün gün kaderden
Selamı savrulur bir esrik baharın.

Bakışım ebruli, avuçlarımda kir.
Bildim!.. Gençlik sürgünündedir yürek.
Yorgun atlarsa, ölümle nefeslenir
Kadîm bir sırrı benimseyerek.

Çiçeklenir suretinde erguvan,
Zaman akar derviş sabrı yâdıyla.
Sır devşirip gecelerden, anbean,
Yumdum yüreğimi, ebru tadıyla.

GÜL KURUSU

"Ne yanar kimse bana âteş-i dilden özge
Ne açar kimse kapım bâd-ı sabâdan gayrı"
                                      Fuzûlî

Bakarsın,
        dedim,
Gelir gül kurusu bakışların
Bâd-ı sabâyla mı bilmem.
Ansızın.
Dilâra hayâlin bir giz!

Sağır kulaklarım serzenişlere.
İlk ân sıcaklığını yitirdi sesin.
Karmaşık değil hislerim,
        dupduru
        temiz.

Bâd-ı sabâyla ister
        sen git.
Gül kurusu bakışların
        artık
        güneşsiz.

Salıncaklar sallanır
Sessiz
        ve sensiz.

Dilâra hayâlin bir giz!

YOLCULUK

Yolculuklarda bitmeyen bir hüzün
Ayrılığın üflediği kafiye.
Derince bir "oof" çekiş
Sanki ne diye,
ne diye
Sonu yok yolculukların?

Bir bilsek, acaba çocuklukların
Çocuklukların mı bu dinmez heves?
Umut ve sabırla koşuyor herkes…

Ayrılıklardan mı böyle bu kaçış
Ya da cezbesi mi ayrılıkların?

SEVDA GÖNÜLLERDEDİR

- Hilmi Yavuz'a

Sevda gönüllerdedir,
Oysa Ferhat
  unsur-u çâr içinde.

Bir göle âşık
Düşerse,
Yok yere,
Ummanı göremez olur.
Çok kere,
Hoyrat aşklar dilinde,
  âh ile zâr içinde.

Nefeslenmek de ne
En son menzilde?
Sebepsiz
  efkâr içinde.

Toprağa kök salsa
Beyhude düğün
Topraklaşmalıdır
Ferhat
        arşın
                arşın
Unsurlar aşmalıdır
        ateş ve kar içinde.

Sevda alev alev,
Sevda kızıl kor.
Sevda gönüllerde,
Ferhat görmüyor!

YIRTIK RESİMLER

Eskilerde kaldı renkli şenlikler...

Yırtık resimlerde bir büyü vardır
Bir solmayan ruh!
Nerde?
O bakışlarda mı pörsüyüp gitti?
Belki de mekruh
Sayılacak kadar çok bakmışlardır.

Şimdilerde
Artık
Bir buğu vardır
Alınlar kırışık ve kaşlar çatık
Kim bilir belki de o eski vuzuh
Bir bitişten kalan tortu kadardır.

Gerçek anlamları çalıp gömülen
Yırtık resimlerde
Bir büyü vardır.

KIŞ GÖRMEYEN ŞEHİR

- İskenderun'a

Bu şehirde böyle karsız kış geçer
Yazlar peşi peşine "kış kış!" geçer.

Umut yok, ağaçlar aklaşmayacak
Dallardan dökülüp yaş, akmayacak.

Kardan adamlara hasret her çocuk
Elinde süpürge, göğsünde boncuk.

Mevsim oyunu bu oynanan dersin
Kartpostallardaki kışa gülersin.

Gülmek değil, belki üzülmek gerek
Kar bilmez çocukları düşünerek.

Kar yağsın Allah'ım, karsız bu şehir
Bir kış günü sıcaktan ölebilir.

SÖZ YENİDEN

Yürekte volkan olmayınca,
Söz
Dudakta meltemleşmez.

Kanaatleriyle diklenir kimi,
Yürür
Kimi toz toprak
Kanatlarıyla.
Bir avlu içinde çıplak,
Yalın ayak,
Üç beş adım ileri,
Beş üç adım geri,
Aynı
Aynanın etrafında dolanarak.

Kimi yâne yâne yürür
Kimi marş söyleyerek.
Kimi volta atarken
Kimi küfrederek.

Kimi alev denizinde
Kimi yağmur altında.
Kimi bir girdabın orta yerinde
Alkış tutar birisi,
daha,
        vur, diyerek.

Bir görünüp bir kaybolurken
Aynanın etrafında yakın,
Uzak ve sonsuz döngüde
Asmış gözlerini
Farkında olmadan
Bakıyor.
Dili var da sözü yok,
Sözü var anlamı yok
Olan birileri.

Nasıl göstersek iksirin
Atardamarını
        her yeni(l)işte
        tekrar
        yeni baştan.

HAYATI SEVMEYE DOĞRU

Bir çocuk ağlıyor
Ve yağmur küsüyor
Hayat dargın bize
      Acı çekmiyoruz.

Geçmiyoruz çile sokaklarından.
Dedenin kar yağan
Şakaklarından
Bahsetmiyoruz.
Hayat dargın bize
      Acı çekmiyoruz.

Sevmiyoruz sevmeyi
Âşık değiliz aşka
Acıyı bilmiyoruz
"Annem öldü"den başka.
Korku sayhalaşmadan
Ve ölüm yaklaşmadan
      Hayatı sevmiyoruz.

Bir çocuk ağlıyor
Yağmur küsüyor
Bakışlar tedirgin
Tuz buz…
      Acı çekmiyoruz.

Hayatı sevmeye doğru,
Kuş resimleri ve gökyüzü
Bir de televizyonda dizi.
Sevdik!
Hep kendimizi.
Sırattan geçmiyoruz
Acıyı seçmiyoruz.

Bir bir sayıp döksek
Kaç eder,
Yanaklar tomur tomur?
Hesaplasak
Yılda kaç kere,
Bir yumruk
Boğazlarımıza oturur?

Hayatı sevmeye doğru,
Acıyı, gözyaşını
Unutmuşuz.
Kahkahalarla,
Kor gülüşlerle
Kimleri avutmuşuz.

Çocuklar ağlıyor
Ki yağmur sus pus!
Gökten damla damla yağardı
Sonsuz
Dargın şimdi bize
        Acı çekmiyoruz.

AĞLADIM VE SUSTUM

Ağladım ve sustum
Bu hayat değil,
Umudu kuşanıp gezdiğim zaman.
Ağladım ve sustum
Eski bir sebil,
Yıldızlara doğru akan kahraman.

Ağladım ve sustum
Çok çok önceden
Baharla birlikte bir kara sevda.
Ağladım ve sustum
Günlerle gelen
Bakışlarım da pörsüdü semada.

Ağladım ve sustum
Sanki son defa
Ummana dökülen yitik çağlayan.
Ağladım ve sustum
Kayboldu vefa.
Sırroluşlarımı yoktu anlayan.

Ağladım ve sustum
Eski bir hüner,
Kaf'tan güneş çalan yağmur güncesi.
Ağladım ve sustum
Kim kimi dinler?
Cennet ve cehennem!.. mahşer öncesi.

Ağladım ve sustum
Köhne bir saray,
Merdivenlerinde zıp zıp kargalar.
Ağladım ve sustum
Gözlerimde yay,
Zehirli ok attım ruhuma kadar.

Ağladım ve sustum
Yaşlanan hayat
Sükûta yaklaşır âh adım adım.
Ağladım ve sustum
Ağlamak... heyhat
Bari bir yüreği yaksa feryadım.

Ağladım ve sustum!

MEYVEDİR TOHUM

Sır gibi saklayıp da düşündüğüm
Hayat, ne de güzel, sonunda ölüm.
Kaç asır geçmiş ki bilmem kaç sene,
Kaç ölüm sığdırdık dünden bu güne?
Doğduk ve yaşadık çığlık çığlığa.

Sır gibi saklayıp da düşündüğüm
Hayat, ne de güzel, sonunda ölüm.

Üç beş kişi miyiz şunun şurası?
Çakıl taşlarıyla başlar sevdası
Sürgün sevdaları kalabalığın.
Peri şu dağdadır, hayır şu dağın
Çevresinde bürünmüştür varlığa.

Üç beş kişi miyiz şunun şurası?
Çakıl taşlarıyla başlar sevdası.

Şimdi bak çevrene çölden daha kum,
Bak fakat görüver meyvedir tohum,
Al şafaklar için nar çatlatacak.
Çocuk, çığlığınla kaç köşe bucak
Çisil çisil kavuşacak sağlığa.

Şimdi bak çevrene çölden daha kum,
Bak fakat görüver meyvedir tohum.

SANA İHTİYACIM VAR

AYRILIK BİR BENGİSU

Ayrılık bir bengisu, tıpkı çöllerde vaha.
Kederli yolcuları yaklaştıran, Allah'a.

Çoğalırken zamanca, mekânca mesafeler
Elemleri sabırla dönüştüren felaha.

Ürkek sevdalar ve de büyük aşklar büyüten
Filizlerden ormana hayat veren bir saha.

Yusuf'un kuyusunda kenarı kırık çıkrık,
Kovasını daldıran akıl almaz günaha.

Ayrılık, buram buram bahar kokan seherler...
Geceye gündüz olan, anlam veren siyaha.

Gümrah muştular sunar tükenen üzüntüler.
Kervan yola koyulur, can, sır olur bir âha.

Yolcular hep yoldalar, kutlu sefer çağrısı...
Varacak birer birer karanlıklar sabaha.

Ayrılık bir bengisu, tıpkı çöllerde vaha.

İLK GÖRÜŞ SONRASI

- Oğluma

Dağları delen hüner
Bir damla gözyaşında saklıdır
Sen onu ilk görüşte tam kalbime akıttın.

Buğulu camların arkasından bakarsın,
Giden güne ve günlere.
Büyülü anlamlar yüklersin
Gelenlere.

Gözlerin değdi gözlerime,
Issız ve ince bir sızı.
Ceylanlar titredi,
Sular dalgalandı,
Arzın merkezinden bir volkan havalandı,
Yer, yöre ve renk değiştirdi
      çöllerde kum dağları.

Gözlerin değdi gözlerime,
Islak ıslak ateşler.
Damlalar yakarken ilk gençliğini senin,
Kalbimi benim,
Bulutlu günlerin ardından,
Uzaktan, uzaklardan sesin
Derin meltemlerin fısıltıları:
      "nerelerdesin?"

Kendimi bir dağ bilirdim
Avunmaktan ve dayanmaktan.
Bakışınla onu sen dağladın, yaktın.
El ederken gözlerinde ışıklar ve yaşlarla,
Ardında gururla sızlayan bir kalp bıraktın.

Dağları delen hüner
Bir damla gözyaşında saklıdır
Sen onu ilk görüşte tam kalbime akıttın.

SANA İHTİYACIM VAR

Gök yarıldı, ufuklarda kerbelâ!
Sana canım, sana ihtiyacım var.
Sen gibi yâr nasip olmaz her kula,
Sana canım, sana ihtiyacım var.

Her gelişin günü çoğaltan mâna,
Ayrılışın ızdırap salar câna,
Kevser sökün edip gelse cihana,
Sana canım, sana ihtiyacım var.

Bir acı yel esip esip duracak,
Hızır paşalardan hesap soracak
Ve ardından sur sesi duyulacak.
Sana canım, sana ihtiyacım var.

Serzeniş saati değil geceler,
Şafak arzusuyla avuçlar kan ter,
Gün ışırken bir kuş divane öter,
Sana canım, sana ihtiyacım var.

Sabret cancağızım, dinecek sızın,
Ufkunda doğacak güneş ansızın,
Hem sonbaharlarda hem de ilkyazın,
Sana canım, sana ihtiyacım var.

KAPIMI AÇTIĞINDA

Geceler seherlerden muştular verir bize
Tıpkı bahar yağdığı gibi gökten kışın.
Çoğalsın kımıldanışlar dudaklarında, kalbinde
Ve gökkuşağını avuçlamaya uzanışın.

Sanma ki kitaplar dindiriyor özlemleri,
Doldurmuyorlar da eksilenin yerini.
Gönüllerimizi birleştiren sevdamız
Elbet gövertecektir vuslat günlerini.

Ayrılık, çeliğe su vermek, yaman deneyim!
Her bir gün, dünlerden daha muteber.
Mesafeler uzak türkülere emanet…
Allı turnam, nazlı yardan bir haber!

Kaçsak, nafile. Yakalar bizi yaşama sevinci.
Kader kim bilir, neler neler fısıldayacak.
Zümrüdüankalar akın edecek Kafdağı'ndan,
Nevbahara kavuşacak yedi iklim, dört bucak.

Şimdi sabahlar geçiyor bir bir ömrümüzden,
Sıra sıra umutlar ve beklemelerle.
Yolculuklar anısı olacak biriken elemlerin,
Kapımı açtığında serin bir seherle.

DOĞARKEN

I

Mevsimleri elden ele,
Yelden yele
Memleketimin.

Denizlerden doruklara yol bulunur,
Kalbimizden vadilere.
Mavi, yeşil çiseler...
Sözler masmavi derya,
Bakışlar yemyeşil dağ.

O uzun köyden,
Uzak bir hikâye
Tünesin istedim dilimden,
Erken yol almış
Kalbime.
Her vuruşunda,
Dağı ve denizi,
Önüne ve yahut ardına katıp,
Birbiriyle bakışsınlar.

Bir kavil yerinde,
Yani köyümde
Zirveler rüzgâr desin,
Dalgalar rüzgâr essin.
Uzak hikâyemizde,
Sözler değil o,
O uzun köyden nemli
Ve dört mevsim namlı
Yeşilin ordusundan,
Elekten geçsin renkler,
İşitilene dek sözcükler.

II

Turnalar konmuş sırtına...
Bir yanını mavi nem çalmış,
Bir yamacı yeşil yel almış.
Takati derin,
Serin suskunluğu.
Olgun yemiş bahçeleri
Kem nazarlar ırasın.
Renkli çaput,
Üç baş sarımsak
Ve kuru sığır kafası
Dokunmuş sırtına turnaların.

Denizi ve dağı görmek...
Kıstırır sırtın yamacında,
Arkanın başında,
Kovalar yeşili mavi,
Maviyi yeşil.

III

Eriklerin meyveye durduğu zamanlar...
Anam sarmalamış alınyazısına,
Yazın teri, güzün yeli değmesin,
Doğsun diye nefes ciğerlerime
Şubatta.

Ve o adam,
Yalnızlığını
Ağabey şefkatiyle askıda tutan,
Islak kestane kütüğünde
Yoğuran
Terli alnını.
Gece çarşılarında
Soğutup yılların telaşını,
Ahşap damlı günlere
Ve gurbet güneşlerine
Geceyi boyayan.

Talaş kokulu nefesiydi
Isıtan ömrünü,
Önümüzü ve ömrümüzü ışıldatan.

Gurbetler biriktirmiş
Hasretiyle,
Kaç sene?
Ben yüklendim o kutsal emaneti.
Tüfek çattım on üçümde
Ulu bir dağ yamacında,
Astım mektebimi boynuma.

IV

Yaşam fermanım:
        memleketim,
                gurbetim...
        gurbetim,
                memleketim...

ESKİ EVİN AVLUSU

Sana doğardı güneş
Her sabah
Günün aydın
Ve gecende dolunay.

Bir yanında evimiz
Kalbin,
Öte yanında öteler kadar güzel
Dağlar, vadiler, dereler
Ufuklarında
Yemyeşil yamaçlar ve bahçeler.

Orta yerde bir masa
Ve masada bardaklar
Bardaklarda tavşankanı
Memleketimin altını
Çayımız.
Kaç demlik doldu boşaldı
Ve bardaklar çıngırdadı
Komşular, akrabalar
Gurbetten sılaya altın avcıları.

Annemin ve babamın
Birleşen hayatları
Sende ferahlık buldu
Ve sonra bir rampa oldun öteye.
Babam senden ayrıldı
Uçtu.

Sen de bizden ayrıldın
Sebzelerin, asmaların, altınların
Toprağına karıştın.

Bir ucunda ateşlik,
Bizim dilde küçük ev
Bir ucunda çiçeklik
Yediveren, hanımeli,
Nar ağacı, saat gülü,
Saksılar… saksılar

Alet dolabı bir yanda.
Ahşap uzun koltuk,
Baba yapımı.
Ne oturmalar, ne uykular
Neler neler yaşandı tanıklığında.

Kâğıttan uçaklar uçurduk kalbine
Yeşilin merkezine
Dağların zirvesine.
Değer miydi kanatları
Arı kuşlarına,
Kırlangıçlara,
Yusufçuklara,
Serçelere,
Güvercinlere.

Ablamın düğününe açtın bağrını,
Ne silahlar atıldı!
Ne çok
Boş kovan topladık.

Yarışırdık,
Çekirdek çitlerdik,
Mısır pişirirdik,
Küçük evinde.

Serin vakitlerde sofra kurardık,
İftar vakti top sesini duyardık,
Seninle birlikte oruç tutardık.

Halılar, kilimler yıkanırdı seninle,
Çamaşırlar seninle kururdu
İp üstünde.
Kar yağdı mı doldururdu içini,
Kürekler temizlerdi,
Kardan adamlar bile yardım ederdi.

Yağmur durmazdı gövdende
Akıtırdın geçerdi.
Gövdene babamın usta eli değerdi
Marangoz eli,
Sevgiyle.

Bekçilerin,
Kedilerin,
Annelerin yavruları emzirmeleri.
Bir köşede yemekleri,
Su içmeleri.

Doksan dokuz eylül ikinci günü,
İkindi günü...
Tıklım tıklım sıralandık,

Çeyrek asrın anılarını
Bir yüzükle taçlandırdık.
Şahidim oldun
Tıpkı çocukluğum gibi,
Tıpkı gidip gidip
Dönmelerim gibi.

Liseli yıllarım, üniformalarım,
Vedalarım, kavuşmalarım...
Ve gün geldi
Nikâh şahidim oldun.
Babam kıydı o nikâhı
Boynumuza sarıldı
Ağladı.
Mutluluktan
Gözyaşları çağladı.

Oğlumun cıvıltılarını
Sen de duydun babam da.
Kızımın ışıltılarını
Sen de görmedin babam da.
Beş yılını doldurmadan o neş'e
Sevincimize ağlayan o yiğit adam
İkibin dört onbeş haziranında
Ağlattı hepimizi.
Bağrında bir yüz görümlüğü oldu tabutu
Kollarımı yasladım
Ağladım ağladım ağladım.

...

Ne senin tadın kaldı
Ne de sen
Bizim avlu!
Her şeye şahit oldun.
Kâh dinledin kâh gördün
Kâh ağlattın güldürdün.

Şimdi bağrın doğurgan
Verimli bir bahçe,
Annem sende
Sen yoksun.

Olsun
O anılar hep sende.
Eski evin avlusu değilsin sen sadece
Hüzünlerle, tebessümlerle,
Hayalimin en canlı dilimisin de!

KARA DİKEN IRMAĞI

- Köyümün hasretiyle

Meşe'nin yamacında
Kara Diken Irmağı.
Kavuşuruz yakında
Kara Diken Irmağı.

Yolu yorucu diktir,
Dokusu endemiktir,
Bence dünyada tektir,
Kara Diken Irmağı.

Hava duman mı sis mi?
Yollar çamur mu pis mi?
Özü ak ama ismi,
Kara Diken Irmağı.

Kevser'den bir damladır,
Zemzem'i hatırlatır.
Dört mevsim sonbahardır,
Kara Diken Irmağı.

Her yanı kızılağaç,
Güngörmez, güneşe aç.
İnsan sesine muhtaç,
Kara Diken Irmağı.

Kaynağı kıpkırmızı,
Güze çevirir yazı.
Güneşe değmez yüzü,
Kara Diken Irmağı.

Hüznü sırtında taşır,
Deryalara ulaşır.
Sana güller yaraşır,
Kara Diken Irmağı.

Köyümüzde bir ırmak,
Suyu soğuk ve berrak.
Sanki Araf'ta durak,
Kara Diken Irmağı.

SUR BEKLEYEN DÜNYA

Ömrün geçen zamanı ve yalan diliminde
Işığı eksilmeyen güneş, ay ve yıldızım.
Sur bekleyen dünyanın şu kalan diliminde,
Rabbim sizi korusun karım, oğlum ve kızım.

TOPLANDIK TOPARLANDIK

KAYBOLAN

Hangi dağın ardında saklı o ses, bilinmez
İnsan suretlerinden, hırçınlıktan yansıyan.
Kaç gece sürer gider, aksi sadası dinmez
Alınlardan süzülüp kalbe oturan isyan.

Birer birer hep üryan görünür tüm cisimler,
Mücerret bir sevdanın peşinden koşturarak.
Umurumda değildir aşkı kaybeden kimler...
Temizse hissedişler ve de bakışlar berrak.

Sıyır kınından artık keskin ayrılıkları,
Sağır yâre serenat, tükenmeyen bir nöbet.
Sermayesi terk ediş, ihanet azıkları...
Var git ömür, bunları sevmemeye tövbe et.

Hangi dağın ardına saklanıp da beklesem,
Coşku diye hüzünler biriktirsem erkenden.
Eyvah ki yürek hantal, hissiz, aciz ve sersem
Düşseydim yollarına keşke daha önceden.

Kafdağı'nın ardında saklı o ses.. silinmez
Silinmez, elbet bir gün yüreklere fer verir.
Geceler uzar gider aksi sadası dinmez.
Tükenmeyen umutlar başak başak göverir.

İÇERDE

Düşünce alevden dertler ağına
İrade çatırdar, kanar içerde.

Gönül veda eder dost otağına,
Vuslat alev alev yanar içerde.

Mektuplar da diner, yağmaz selamlar
Kalemler elemli kınar içerde.

Yollara vurunca kış dağlarında,
Sevda ferhatlaşır donar içerde.

İnanç bir ufuktur aşkı çoğaltan,
Demire su veren pınar içerde.

Umutlar tükenmez kar, kış, hazanla
Yarınlar, görkemli çınar içerde.

Dillerde kadimden kalma sadalar,
Cesaret sözleri sunar içerde.

Bir başak tarladır, bir filiz orman,
Dört mevsim bahardır, bahar içerde.

ÖRTÜLÜ MÜCEVHER

Yoksa, esrârengiz
Eski sevdaları estiren seher
Gelir mi bu mevsim,
Bu sonbaharda?
Yıkılan bir saray şimdi her nesîm.

Yoksa, filiz filiz
Bir umut var da
Biz mi habersiziz
Biz mi muteber hissedişleri kaybettik?

Yoksa, gövdemiz
Kırılan bir dal mı sonbaharlarda?

Yoksa, tertemiz
Düşünceler de mi şimdi hep heder,
Kayıp ya da örtülü mücevher
Gibi beklemekteler.

Ruhumu kemiren
Bir sabır var da...
Yoksa?
Yoksa biz?..

HEDİYE

Baş başa kaldınız
Geceyle sessiz
Ve dağıldı birden
Yalnızlığınız.

Sana bir dağ
Vadetmişti gece,
Kalbinden koparıp kalbine...

Ve bir sevda sana
Sunmuştu gece,
Al bunu da çoğalt
Diye(t)
Kendi kendine.

DÜŞMEK BİR EYLEMDİR

Düşmek bir eylemdir
Dirence can veren.
Ölmektir düşmek,
Alınyazısı demek,
Gülleri, kardelenleri
Nasibi olana gösteren.

Fakir, çaresiz ve yalnız
Köyümüz, yüreğimiz, umudumuz.
Sesimiz boz bulanık
Çağlayan bir ırmak sesi sonumuz.
Işıktan bir örtüdür
Sesi boğan bakışı bulandıran.

Sırlar anlatılmaz ki,
Belki sırattan sonra!
Belki erken bir kevser
Göz göz
Gözelerden sızan.

Kuşanılan bütün kıymetleri
Bilinmezimize yaklaştıran...
Düşenler, devrilenler, susanlar...
Bir gün buluşacağız elbet mahşerde.
İşte o gün dalgalanan sur sesi,
Gül bitirir ansızın sınırsız bahçelerde.

TOPLANDIK TOPARLANDIK

Toplandık toparlandık
Bir köy akşamında
Dertlerin ve değerlerin birleştiği avluda.

Onlar bizi derdest olduk sanıyorlar
        çıldıracaklar.
Gaflet ki bir kör kuyu,
        nasıl çıkacaklar.
Çıkrıksız ve azıksızlar,
        çok acıkacaklar.
Elimi uzatsam esenlik için,
        uzanamayacaklar.
Göğe doğru gölgeme,
        gölgeme doğru bakacaklar.
Yanmasa âh, tutuşmasa olmaz mı ocaklar?
Yanacaklar yanacaklar
        tutuşacaklar.

Toplandık toparlandık
Adım adım devriyeler
Dertlerin ve değerlerin birleştiği çizgide.
        bir adım,
        üç adım,
        üç şehir.
An belirsiz, hat güzel, lâkin ad konmamış.
Kara çadır, ay ışığı, lâkin ana mahzun.
Masum, bir kafeste, günler günler boyu.
Uzunca bir hikâye bu
        âh uzun.
Solar bir gün fiyakası sarayların,
Yol boyları yoldaş olur,
Kış sürdükçe kılavuzun.

Toplandık toparlandık
Bir sürgün molası.
Tüfek çattık,
Sağdan say! Bir üç beş ondokuz…
Hâlâ çoğalıyoruz.
Sahi ne kadar çoğuz,
Dertlerin ve değerlerin birleştiği çizgide.

Gün döner bir gün elbet, böyle değil ki âdet,
Zahmet rahmete döner, bahar tartar adalet.

HÜZÜNLER VE MÜJDELER

Ömrümüz hep müjdelerle şenlenmeyecek
Ve de elbet hüzünlerle tükenmeyecek.
Bir dolan bir boşalan kefelerinde
Boy verecek adalet
Er ya da geç.

Belki hüzünlerden bir yol bulunur
Kutlu sefere.
Müjdelerle gelir belki muştusu
Bekliyoruz habire.

Yol hali!

Eli tesbihli,
Dalıp dalıp bakınan ahali,
Sıradağlar ardından sökün eden
Kutlular misali…
Yüreklerinde yanardağlar devâsâ,
Âli
Buyrukları kabullenmiş,
Yâ sabır'la beklerler visâli.
Gelirler, hep gelirler.

Hüzünler ve müjdelerle gün döner.

Bu her seferinde böyledir.
Hüzünler müjdelerin habercisidir,
Müjdeler yeni hüzünlere gebedir.
Güneş doğar,
Sevgilinin ay yüzüne, gölgedir.
Güneş batar,
Sevgilinin gecesinde ay, bedir.

Uzatmışım kollarımı,
Sevdiğimin boynunda asil gerdanlık
Kollarım senelerdir.
Yerleşiktir müjdeler,
Göçebedir hüzünler,
Hepsi içerimdedir.

Biliyorum, bilmenin dengelemediğini.
Ne hüzünler, biriktirilmiş öfkedir,
Ne de müjdeler, hak edilmiş alın teridir.
Ömürlerimiz, ömürler var edenin dilemesidir.

KAŞİF

Bunca kayıp ve kayboluş arasında
Bugünün şivesiyle geçmişten sesleniş
Geçmişin şivesiyle bugünden bahsediş
Zamanı parçalayıp lime lime
Kime yaranabildik bilsek... kime?
Ne dünün bakiyeleri
Ne bugünün artıkları
Ne de kendimize.

Gel şöyle bir göz gezdir gözbebeklerine
Haydutlar ülkesinde bir şehriyar ara
Kime seğirtti gözün söyle... kime?
Yalvarabilirsin bu hengamede
Aç avlular içinde bin bir nedamet...
Dönüp baktık yine birbirimize
Ne yoldan haber veren
Ne geçmişten bahseden.

Otur sus ve nefeslen
Kendine bir şeyler anlat
Kendi şivenden.
Geçmişi al bu güne buyur et
Al bu günü geçmişe git
Zamanı terk et
Mekânın ve simyanın kâşifi olarak.

HATTAT

Günler
Mum alevleri
Erirken
Üşüyor musun?

Kuşlar asfalta konar
Gözlerim de uzayan
Duran yollar
Düşünceler içinde
Yumuk.
Asfaltlarda kuşlar.

Bari bir yol çizelim
Gel
Şu eskimeyenden bize doğru
Büyüyen bir aydınlık
Ve ötesi.

En güzeli
Çizgilerinle konuş
Bahset ve muştula bize
Eskimeyenden
Bir yol...

SON LİMAN

Ölümü düşünerek başlayalım
Bugüne yarına
Gölgede ve aydınlıkta
Düşler arasında
Ölüm
En sahici olan.
Süngüler, süvariler, piyadeler,
Kılıç kalkan.
Satır aralarından,
Yer küreden
Uçsuz bucaksızlığa uzanan.
Ebemkuşağı, eleğimsağma, kehkeşan...

Nasib olunca olgunluğa durur ya zaman,
Yalvaç bir esenlik getirir bize iman.
Eyyub, Davud, Yusuf, İsa, Süleyman...
Ve yırtılan göklerden gül sağanağı,
Son liman!

Çat kapı muştucusu sonsuzun.
Hastalıkta sağlıkta
Dirimler arasında
Şehirlere sığmayan.

Her dünyalık yaşantı
Mutlak son bulur.
Yalansız ve yanlışsız sahihlik budur.
Gelir şifacı melek
Yolculara yollarında dokunur.
Açılır sağdan
Bir kitaptır temenni
Okunur:
Sayfa sayfa yazılarda
Yazıtlarda huzur.

Yekpare koy,
Son Liman,
Kâinatta nur!
Kaza ve kader
Uçmak ve keder
İnsan bu son liman'da
En temiz soluk olur.

ÇIRPINIŞ

Geçtim bütün yarlardan aşkla büzülmekteyim.
Uçtum geniş yarlardan gökte süzülmekteyim.
Çırpınıp duruyorum, çırpınıp duruyorum
Kanadım kırılacak diye üzülmekteyim.

BAĞIŞLA

Sen en büyüksün
Sana dair bir levhadır her bakış
Ve yaratılış.

Var olan,
Yok olmayan,
Kullarının dilinde "var" ile ifade bulan.
Tarih, gelecek ve an!

Zaman
Bir sarkaç, maviyle siyah arasından.
Şeylerin ve sebeplerin gölgeleridir
Ömrümüze savrulan.

"Kün!" emrinle doğan
Dehşetinle sarsılan
Merhametine sığınan
İnsan.

Oysa sen en büyüksün,
Ey tek büyük olan!

Duamız,
Bağışlaman!

Şiir, kırılganlığın sese, söze ve sözcüklere dönüştüğü yerden ayağa kalkar. Bir "çıt" sesiyle başlar her şey!

Kuru bir gül dalını büken ellerin bülbül(ümsü) neşidesi. Bir tenakuz, bir dönüşüm-başkalaşım, bir yeniden var olma hevesi.

Zıtların gerçeğini ya da ahengini terennüme yelteniş. Avaz avaz bağırmak serin bir seher sessizliğinde. Fırtınada mırmırlanmak. Komedyanın tam ortasında hüngür hüngür ağlatacak bir memeden süt emmek.

Ölümden sonsuzluğun, kozmostan tükenişin bestesini dinlemek. Var'la yok arasında varlıkta sıfırın, yoklukta sonsuzun izini sürmek. Bir'de bin'i görebilmek ve bin'in bir'liğinin bilincine varmak.

Hayat sarkacında salınırken, başını zıtlıkların gölgesine vura vura deruni bir ahenk tutturmak. Ve o ahengin sürüp giden izlerini, damaktaki tortusunu, beş duyunun imbiğinden geçirip sese, söze, sözcüklere ve altıncı bir duyuya dönüştürmek.

Bir "çıt" sesiyle başlar her şey!